Este libro pertenece a:

....

CW00952796

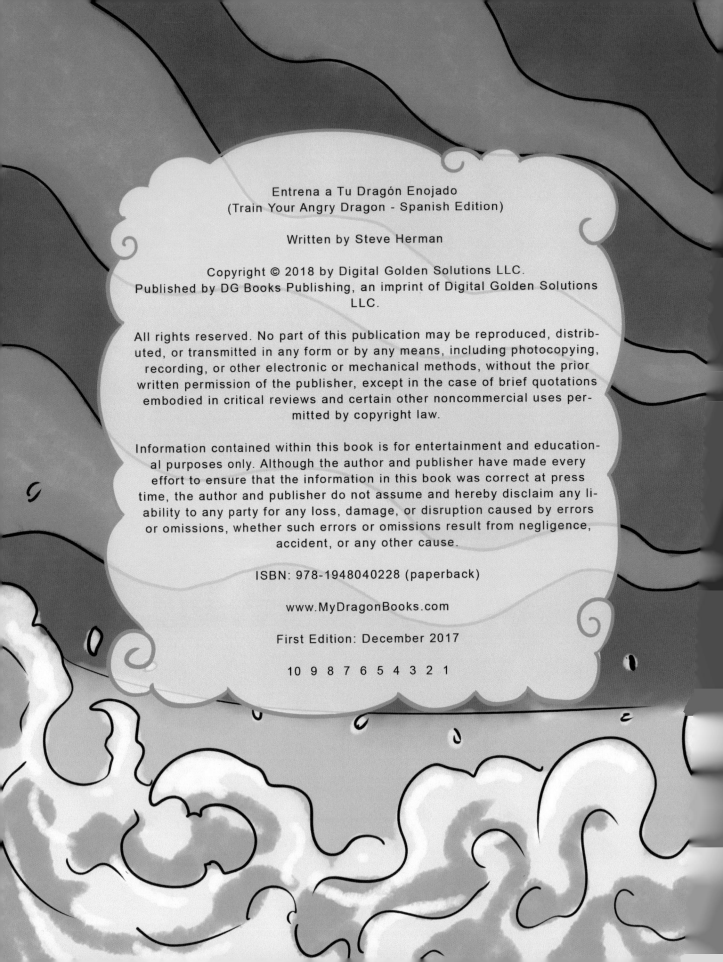

Entrena a Tu Dragón Enojado
(Train Your Angry Dragon - Spanish Edition)

Written by Steve Herman

ISBN: 978-1948040228 (paperback)

www.MyDragonBooks.com

First Edition: December 2017

10 9 8 7 6 5 4 3 2 1

Diggory no es una mascota corriente como un pececito, un perro o un gato - No, Diggory es un dragón obediente. ¡¿Qué opinas, es conveniente?!

Primero, empiezas con trucos simples como rodar, sentarse y quedarse quieto.

Luego debes entrenar a tu dragón a ir al baño y enseñarle cómo jugar coqueto.

Por ejemplo, cuando lanzo una pelota
Olé, Diggory atraparla puede

¡Lanzo un palo a una milla de distancia,
y de seguro lo traerá aunque ruede!

Primero él sopla y resopla;
luego sus pulmones de aire llena con enfado,

A Diggory le encantan los columpios, los toboganes
Y los sube y bajas en el parque ver;
podría jugar allí todo el día
desde el amanecer hasta el anochecer.

Pero una vez una cola halló,
y Diggory tuvo su turno que aguardar,

¡así que comenzó a buscar y chilló por algo que pudiera quemar!

Entonces dije: "Cuando debes esperar,
hay algo que puedes evaluar:
todas las ocasiones recordar
en que alguien por ti tuvo que esperar".

Una mañana nos encontramos con unos chicos,
pero no eran muy amables ninguno;
Diggory casi termina con la paciencia hecha añicos,
así que le di un consejo oportuno:

Como otros dragones, Diggory detesta
cuando alguien le da un "No" como respuesta,
como "Antes de la cena, nada de galletas",
o "No, no puedes salir", sin tretas.

"Cuando no te salgas con la tuya",
le dije. "Lentamente cuenta hasta diez,
te da tiempo para calmarte, aleluya
¡Te sentirás mejor con rapidez!"

así que Diggory pisoteó gimiendo, hizo un puchero, lloró, le dolía.

Así que le dije sin dudar
cuando el enojo llene su cabeza de raíz,
Él puede hacer el enojo olvidar
Pensando más bien en algo feliz.

A Diggory le encanta jugar con otros chicos y salir,

"En vez de enojarte", le dije con un guiño,
"Solo debes hacer esto:
Trata a los otros niños
cómo quieres que te traten, sin gesto".

El sentido del humor es algo
que un dragón perder no debería;
Por eso le enseñé a mi dragón
y algunos trucos para usar le proponía.

¡Qué útiles han sido! me comenta
Diggory Doo, mi buen amigo.
¡Tal vez cuando enojado te sientas,
puedes probarlos también tú, yo digo!

Próximamente

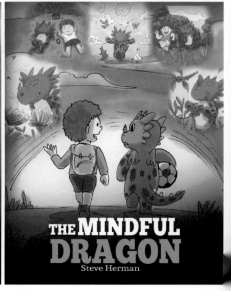

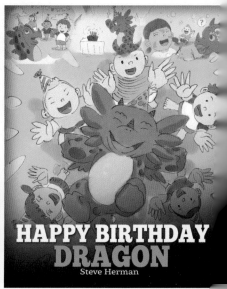

Edición en español
Próximamente
www.MyDragonBooks.